AF338923

In 27 16866

NOTICE

SUR LA VIE

De **M.** l'Abbé **J.-A. RABOISSON,**

Missionnaire du Diocèse d'Auch,

ET CHANOINE HONORAIRE.

AUCH,

J.-A PORTES, IMPRIMEUR DE L'ARCHEVÊCHÉ.

—

1859.

I Ln 27 16866

DÉPÔT LÉGAL
N° 109
1859

NOTICE.

SUR LA VIE

De M. l'Abbé J.-A. RABOISSON,

Missionaire du Diocèse d'Auch,
et Chanoine honoraire.

———

Auch, 10 avril 1859.

I.

L'Eglise de St-Orens offrait ce matin un douloureux mais consolant spectacle. A la tristesse de ces jours saints et de ces lugubres solemnités, se joignaient les sombres couleurs du deuil et de la mort. Une foule éplorée remplissait la pieuse enceinte ; filles de la Providence, frères-instituteurs, prêtres, professeurs, aumôniers, pasteurs, chanoines, vicaires-généraux, magistrats, président du tribunal civil, tous les rangs, tous les états se pressaient autour d'un cercueil, et s'unissaient dans un même sentiment de vive sympathie et d'affliction profonde. Ils rendaient un dernier hommage, ils donnaient une preuve touchante d'affection à la mémoire d'un vertueux prêtre, qui était cher à tous les cœurs, et qu'une mort prématurée vient de ravir, tout à coup, à la religion et à l'amitié. Hélas ! de larges vides se font dans les rangs du Clergé diocésain. Les funérailles succèdent aux funérailles. Hier c'était le prêtre accablé sous le poids des ans et des infirmités, le pasteur de la paroisse rurale; aujourd'hui c'est le prêtre à la fleur de l'âge et dans la vigueur de la santé, le sage Directeur des Maisons religieuses, l'humble Missionnaire, M. RABOISSON.

A ce nom le cœur saigne et les larmes coulent des yeux. C'était le frère, l'ami, le compagnon de nos travaux; c'était le touchant modèle de la vertu sacerdotale, la gloire et l'ornement de la Compagnie des Missionnaires du Diocèse; car il était bon, tendre, pieux, désintéressé, courageux. L'aménité de ses mœurs, la douceur de son caractère, son inépuisable charité, lui avaient concilié le suffrage unanime des prêtres et des pontifes, du rang le plus élevé comme de la condition la plus modeste, du monde le moins religieux comme des âmes pieuses et des vierges du cloître.

Voilà le trésor que nous possédions !!!

Aussi le vertueux prêtre n'est pas tombé sans gloire. Il est mort comme les braves ont coutume de mourir.... sur sa brèche, au lit d'honneur ; il est mort, comme l'apôtre, martyr du zèle et de la charité ; il est mort en saint; son dernier soupir, son dernier sentiment a été pour Dieu, pour la vertu, pour la piété filiale, pour l'amitié; car il pressait la croix sur ses lèvres mourantes ; sa mère, son ami d'enfance étaient là.

II.

M. Raboisson naquit à Miélan, en 1811. Il reçut sur les genoux maternels cette éducation première, ces impressions de foi et de vertu qui sont restées si fortes et si profondes, et qui ont porté d'heureux fruits. Une sagesse précoce, une piété fervente, un attrait pour le service des autels annonçaient une vocation sainte. Il avait fait à peine sa première communion, et déjà il s'attachait à un Missionnaire qui, depuis, lui a toujours tenu lieu de père, et qui le pleure aujourd'hui comme une mère pleure son fils unique. Dans un âge si tendre, il faisait souvent deux lieues pour assister aux exercices d'une Mission, et il disait avec une pieuse naïveté : « si je pouvais être Missionnaire un jour ! » Après avoir reçu une première teinture des lettres, il fut envoyé au Séminaire d'Auch. A cette docte et sainte école, il fit, non sans succès, un cours d'études ecclésiastiques, et se forma aux vertus et fonctions du Ministère sacré. Initié aux premiers Ordres de la cléricature, il seconda les Restaurateurs du collége de Gimont, et consacra quatre années à l'instruction de la jeunesse. Là il apprit avec facilité les langues étrangères : l'Italien, l'Espagnol, l'Anglais. Il parlait, il écrivait aisément ces idiomes, qui lui permirent de rendre souvent son ministère utile.

III.

Le prêtre vénérable qui a été, à l'aurore de ce siècle, le restaurateur de notre Diocèse, cet homme dont nous bénirons toujours la mémoire, M. Fénasse, fit entrer M. Raboisson dans la carrière des Missions. Il voulut qu'il s'essayât à ce rude ministère, quoiqu'il ne fût encore que diacre. Il voulut l'assister lui-même à l'autel la première

— 4 —

fois qu'il lui fut donné d'offrir les divins Mystères ; le
saint vieillard dont les larmes trahissaient l'émotion, ne dé-
daigna pas de se faire le simple ministre , l'humble clerc
du jeune célébrant.

Vingt-quatre années durant , le généreux Missionnaire
a poursuivi sans interruption ses laborieux travaux. Il a
annoncé la parole divine sur tous les points de ce Diocèse,
et dans quelques contrées des Diocèses voisins. Il est des
paroisses où il a donné jusqu'à trois et quatre Missions ,
et toujours il a été écouté avec une faveur nouvelle.

Le Ciel lui avait accordé les qualités les plus heureuses
pour le succès de son ministère : Une aimable candeur ,
une douceur attrayante, une parole sympathique, un ton
apostolique et populaire , une piété recueillie, un zèle in-
fatigable, une onction pénétrante qui donnait du charme
à ses instructions les plus familières, à ses lettres les plus
simples, à ses plus faibles écrits. On sentait que c'était un
cœur qui parlait au cœur. Aussi, combien de pécheurs ont
été retirés par lui des plus honteux désordres ! combien
d'âmes incertaines , flottantes, ont été raffermies dans le
devoir ! Et que n'a-t-il pas droit d'attendre de leur piété
et de leur reconnaissance ?

IV.

Quand Mgr de La Croix fut arrivé au milieu de nous,
il chercha un prêtre qui pût lui venir en aide dans ses tour-
nées pastorales. Ses yeux se réposèrent sur M. Raboisson.
Il l'aima avec tendresse. Le jeune prêtre se montra digne

d'un choix si glorieux ; il connut tout le prix de la sagesse et de la vieille expérience du pontife. Apôtre dévoué, sans rien retrancher de ses missions, il a accompagné le saint prélat durant seize années, écrivant, dressant procès-verbaux, prêchant jusqu'à quatre fois par jour. Pas une chaire du diocèse où il n'ait fait entendre sa voix; pas une paroisse qui ne garde l'empreinte de ses pas, et qui ne bénisse sa mémoire.

Mgr de La Croix confia encore à M. Raboisson un troupeau d'élite : l'Institut des Frères instituteurs et la Congrégation des Sœurs de la Providence dont il a doté notre diocèse. Et pouvait-il remettre ce dépôt sacré dans des mains plus pures et plus prudentes ! Quelle sagesse dans ces fonctions délicates ! quel zèle et quelle patience dans les faibles commencements de ces institutions naissantes ! quelle vigilance ! quelle sollicitude paternelle ! que de voyages ! que de fatigues ! que de conseils dans une correspondance quotidienne, et dans cette science pratique des plus humbles détails ! Le pieux Directeur connaissait chaque Frère, chaque Sœur par son nom; il savait varier les formes de son zèle selon la différence des personnes et des caractères; il se faisait tout à tous pour les fortifier tous dans leur sainte vocation.

Ses travaux ont été couronnés de succès. Sous les auspices de nos saints Archevêques, les deux Instituts ont pris racine, ont étendu leurs rameaux. L'esprit de simplicité, d'humilité, de dévoûment, qui est l'âme et la vie des sociétés religieuses , se conserve au milieu d'eux dans sa ferveur première. Ils rivalisent de zèle pour former l'enfance à la vertu et à la modestie; nos campagnes, nos villes s'estiment heureuses de les posséder.

V.

Depuis que Mgr de La Croix vit de prière et de recueillement dans la solitude, il a donné plus d'une fois à M. Raboisson des marques de sa bonté paternelle. Quelle sera sa douleur en apprenant la triste nouvelle ! Des amis ont pris de sages précautions pour épargner à sa sensibilité une émotion trop vive.

M. Raboisson donnait encore des retraites dans les maisons religieuses et dans les pensionnats. Le vénérable abbé de Lamenais, le La Salle du 19me siècle, l'appelait tous les ans dans la Bretagne, au sein de son vaste établissement, et lui remettait le soin de cette nombreuse famille d'instituteurs dont il est le fondateur et le père. Il tenait à lui par le fond de ses entrailles. Il le voyait à regret retourner trop tôt dans ce diocèse; il eût voulu le retenir plus longtemps auprès de lui.

M. Raboisson passa trois jours auprès de Mgr l'évêque de Gap, dans le palais épiscopal, et le bon prélat disait avec une bienveillante courtoisie : « M. Raboisson est à peine arrivé au milieu de nous, et déjà il nous semble qu'il est l'enfant de la maison. » C'est de là qu'il conduisit ici une colonie de Religieuses destinées au plus beau, au plus utile ministère, à l'éducation des pauvres et au soin des malades.

VI.

M. Raboisson fit le voyage de Rome, non comme l'artiste, comme le philosophe, comme le visiteur frivole, mais comme le pèlerin religieux. Il retrempa son âme sur les tombeaux des apôtres et des martyrs; il en revint avec une nouvelle ardeur pour annoncer la foi dont Rome est la source la plus pure, avec une affection plus vive pour l'Eglise-mère et pour son Chef suprême. Avec quelle reconnaissance, avec quel plaisir toujours nouveau il nous parlait de l'accueil, des bontés, des bénédictions du Père commun des fidèles ? Il avait manifesté plus d'une fois le désir d'entreprendre un second pèlerinage.

VII.

Mgr de Salinis, notre vénérable Archevêque, ne s'est pas montré envers M. Raboisson moins bienveillant que son digne prédécesseur. Il l'avait décoré du titre de chanoine honoraire, et lui avait confié des œuvres qui demandent du tact, de la prudence, de la délicatesse. A la première nouvelle de sa maladie, il s'est empressé d'envoyer à son secours son propre médecin; il a pris l'intérêt le plus vif à ses souffrances; ses vœux, ses prières, ses regrets en disent plus que tous les discours. Un tel suffrage du pontife est le plus bel éloge du prêtre.

VIII.

L'année jubilaire qui vient de finir, les premiers mois de l'année présente ont été pour M. Raboisson des époques de travaux pénibles. Samatan, Saramon, Fleurance, Vic-Fezensac, Castelnau-Barbarens l'ont vu à l'œuvre. Il ne quittait une paroisse que pour aller travailler avec non moins d'ardeur dans une autre; ses jours étaient sans repos, une grande partie de ses nuits sans sommeil.

Il assistait, il y a peu de jours encore, à la solennité de Notre-Dame de Cahusac; il se sentait heureux de voir revivre un antique pèlerinage, d'être appelé à devenir un des promoteurs de l'œuvre sainte. Il adressa une allocution à l'immense multitude de fidèles accourus à cette cérémonie, et, pour faire parvenir sa voix jusqu'aux rangs les plus éloignés, il prit un ton trop élevé, il fit des efforts trop violents. Que présage ici la Providence? Fallait-il que le rétablissement du pèlerinage de Notre-Dame de Cahusac portât le sceau, le cachet des œuvres divines...... *le sang*?

M. Raboisson reprit le chemin de Castelnau pour y continuer la Mission. Depuis ce moment, il se sentait travaillé d'un indéfinissable malaise. Il entendait néanmoins les confessions; il comptait presque pour rien les atteintes d'un fièvre lente. Il semble que le Ciel ait voulu lui donner un avertissement de sa fin prochaine. Parlant un jour des incertitudes de la mort: « Suis-je, s'écria-t-il, suis-je assuré de retourner dans ma retraite, au milieu de mes confrères? » Le dernier discours qu'il a prononcé a été une touchante paraphrase des sept dernières paroles de J.-C. mourant.

M. Raboisson a travaillé jusqu'au dernier jour de la Mission de Castelnau. Le soir de la clôture, le mal offrit des symptômes effrayants. Les hommes de l'art sont appelés; les soins les plus empressés, les plus intelligents, les plus délicats ne font pas défaut. Les Missionnaires, M. Caillava, curé de la paroisse, sa compatissante mère, les Religieuses de la Providence sont rassemblés autour du lit du cher malade, et redoublent leurs empressements et leurs secours. Ses proches, sa mère, son frère, ses amis sont accourus; paroisse, couvents, séminaires adressent à Dieu les vœux les plus ardents pour demander la conservation d'une vie si précieuse. Un Missionnaire, un collègue, un ami d'enfance de l'Apôtre souffrant reste à ses côtés nuit et jour, lui donnant les consolations de la religion et de l'amitié, le soutenant par de saintes exhortations. Vain espoir ! le mal est devenu plus terrible.

Le malade a compris son péril, mais la mort ne le surprendra pas; il l'a prévenue depuis longtemps; il s'est mis, à l'avance, en état de paraître devant Dieu. Il reçoit les derniers sacrements, les derniers secours de la Religion avec l'esprit le plus sain, avec la piété la plus vive et la plus édifiante. C'est l'ami qui administre le Saint-Viatique et l'Onction dernière, et l'ami mourant s'unit, il répond aux prières de l'Église.

Dans ces terribles moments, qui glacent d'effroi non seulement les âmes faibles, mais encore les âmes les plus fortes, quel est le calme et la sérénité de cette âme généreuse ! Quel courage tranquille à la vue de la mort présente ! Mais aussi quelle résignation, quel abandon à la

volonté du ciel ! Quels soupirs ! quels vœux enflammés !
« Mon Dieu, faites-moi miséricorde.... Marie, conçue sans
péché !.... Marie, mère de pitié, priez pour nous.... Que
je n'expire, ô mon Dieu, qu'en prononçant ces deux noms
que je ne veux pas séparer : *Jésus, Marie...*, Mon *Dieu,*
donnez à ma mère *la résignation et le courage qu'il vous*
plaît de me donner à moi-même. »

L'heure fatale approchait. Ses amis, les Religieuses de
la Providence s'agenouillent au pied de ce lit d'infirmité.
Ils conjurent le prêtre mourant de les bénir. A la vue de
leurs larmes, il se ranime, il lève une main défaillante
sur leurs têtes : « Oui, dit-il, avec un soupir de vive
émotion, oui, je vous bénis tous, je bénis mes proches,
ma mère, mes frères, mes amis, mes collègues ; oui, je
vous bénis toutes, mes Sœurs, vous qui êtes ici, nos sœurs
dispersées dans les paroisses, nos sœurs de Lectoure,
nos sœurs de Gap', *toutes, toutes....* Puis il fixe ses derniers regards sur la croix de J.-C., il l'applique sur ses
lèvres mourantes ; il prononce les deux noms chéris....
Jésus, Marie.... Il exhale son dernier souffle de vie. Sa
dernière parole, son dernier soupir a donc été un sentiment d'amour de Dieu, un gage d'éternel bonheur.

IX.

A la nouvelle de sa mort, il n'y a eu qu'un cri de douleur. La paroisse de Castelnau, n'a pu se défendre d'une
émotion profonde ; presque pas un œil qui n'ait versé des

larmes. Les cœurs même les plus indifférents n'ont pu voir sans attendrissement le vaillant ouvrier mourir à la peine, le Prêtre encore jeune et valide, l'Apôtre enrichi de qualités si belles, descendre, avant l'heure, dans la nuit du tombeau. Durant un jour entier, quel concours autour de sa dépouille mortelle ! Que de pleurs et de vœux ! Chacun voulait voir encore le Missionnaire chéri, faire toucher à ses mains un objet pieux, emporter une relique, un souvenir. Toute la paroisse a assisté à ses obsèques; elle eût voulu garder ses précieux restes. La tombe de l'ancien Missionnaire, quoique muette, aurait eu son langage.

Quand le corps du vénéré défunt a été transporté a à Auch, dans la maison des Missionnaires, la porte a été obstruée par une foule émue et avide de contempler des traits où la vertu avait imprimé sa céleste sérénité. La cité entière était représentée à ses funérailles. Mais ce qu'il y avait de plus touchant encore, c'était l'expression, et pour ainsi dire, l'explosion d'une douleur, d'une affection universelles; c'étaient les éloges qui couraient de bouche en bouche, et qui se répètent encore dans les familles. Ministres sacrés, pieux fidèles, citoyens de tous les états, recevez ici l'hommage public d'une profonde gratitude et l'applaudissement que vous avez si bien mérité ! Que le ciel bénisse un témoignage si solennel de vénération, de regrets, et de vertueuse amitié !

Le testament où M. Raboisson a déposé ses dernières volontés, est un monument de foi, de charité, de reconnaissance. Cette page, écrite de sa main, révèle la noblesse d'une belle âme.

X.

Ainsi vient de finir le Prêtre dont la perte est si vivement sentie, et qui laisse un vide si profond. Ainsi finissent les justes et les amis de Dieu.

Et maintenant nous ne dirons pas avec les profanes : « Que la terre lui soit légère ! » Mais, au nom de la Religion, au nom de la reconnaissance, qu'il nous soit permis de dire : « Amis ou inconnus, vous qui avez un cœur et des entrailles, si vos yeux tombent sur cet écrit funèbre, priez pour celui qui s'est épuisé, avant le temps, pour Dieu, pour la vertu, pour le bien de ses frères ; et si cette âme languissait encore dans le séjour de l'expiation, que vos vœux, que vos œuvres saintes adoucissent, abrègent sa souffrance, et hâtent son éternel bonheur. »

L.. ABADIE,

Missionnaire du Diocèse d'Auch.

www.ingramcontent.com/pod-product-compliance
Lightning Source LLC
Chambersburg PA
CBHW061224050726
47594CB00008B/3788